棒球人生賽

1st

蠹羊——編繪

屬於你自己的「棒球人生賽」

看過棒球的人很容易被它的瞬間變化及精彩表現所吸引。打過棒球的人亦會對完美的技術與夢幻般的結果深深著迷而不斷追求。

我們常常聽到人們這麼形容「棒球」：「你怎麼能不愛它」、「棒球，兩人出局才開始」、「不要想著贏，要想著不能輸！」、「棒球就是一個這麼變化多端，扣人心弦的運動」、「棒球永遠都讓人玩不膩」等等。這些形容都是在棒球「比賽中」的所有環節。但，「棒球」帶給我們的影響真的只有如此嗎？

漫畫家蠢羊用貼近故事主角的方式，呈現出屬於自己的獨特漫畫風格。在此書後記裡，蠢羊有提到自己對於本書所要傳達的意念。而身為接觸棒球超過三十年的我，這本書讓我感受到的是，「棒球」的魔力與魅力會深深地影響每個喜愛上它的人，並且深入日常生活中與潛意識裡。即使是地上的一顆小石頭、一根木棍，甚至一支掃把、一顆鳥蛋，都會讓你不自覺地想用棒球的方式去玩它。這種在我們球員口中俗稱「走火入魔」的行為，不就是棒球在我們身體裡呈現最無法解釋的一種深植影響嗎？

無論我們身處怎樣的人生環境與角色中，到處都暗藏著愛棒球的高手高高手。當「棒球」像這樣悄悄的進入你的身體細胞時，小心！你已經開始 PLAY 屬於你自己的「棒球人生賽」了！

我不常看棒球，但我喜歡看漫畫。我不常看運動漫畫，但我喜歡看《棒賽》。

——JAX CEO、前統一獅球星　劉芙豪

蠢羊與奇怪生物的《棒球人生賽》，連載至今有不少棒球迷都相當喜歡，雖然是棒球為主軸的漫畫，說的卻是人生，因為球場如戰場，而人生也是如此，Keep fighting for what you want!

——網路作家　二師兄

——中華職棒聯盟球員工會理事長　周思齊

拿不走的是堅強，不是倔強！球員們：「沒人能為你承受痛苦，同樣沒人能拿走你的堅強！」

——棒球愛好者　胡文偉

「簡單就是偉大」這句哲語在時間沉澱之後，眼光獨具的人會看到那樣的真實。而真實的故事，永遠最感動人心。

——漫畫家　敖幼祥

每個臺灣人，都有屬於自己的棒球故事，《棒球人生賽》卻是其中最精彩、最熱血的那一則。

——國立成功大學歷史學系副教授　謝仕淵

※依首字筆劃排序。

注：本書內容會出現抽菸、喝酒與騎機車等畫面，
請注意未成年者不得從事上述行為。

第1回. 爭那一口氣

渡海漢人與原住民爭地，
人傍水居，
人以信仰為中心起廟，
形成聚落，
有人、有廟，
則有市。

呼呼！
裘裘妳下課了呦！
李叔好！
啪
沙沙
動作哪會遮爾慢，是塞車hioh？
這麼慢
是塞車嗎
都是哥啦，讀這麼遠的學校，請問要點什麼？
雞排一份，小辣多胡椒要剪，裝兩袋三枝竹籤。

沙
沙
嘰
我是林峰生，
現在是剛升上
高中一年級的
暑假，
啪

刷
刷
喀
喀
啪
唰

阿峰，
借個火，我忘記帶了。
今天上課好無聊……
我跟田心都是在娛樂區的攤位，在人們填肚子時還有時間吃飯聊天。
你不覺得地理老師長得很像鯰魚嗎？

通常這時才有獨處的機會……
嗨，一切都沒問題嗎？
！
今晚也要加油囉！
妳又在抽菸啊？對皮膚不好喔。
囉嗦！
跟老爸一樣煩人……
霧川夜市管理委員會
張關一

抱歉……
關一是夜市委員會會長的兒子，我們幾個一起在夜市裡長大。
霧川夜市
管理委員會
我先去忙了，加油喔！
他大我們一歲，人帥又會讀書，還是棒球隊隊長。
他真的很喜歡妳。
屁啦不要亂講，小心我打你。
又剛好喜歡我喜歡的人。

這是我憂鬱的十五歲夏天。
而且夜市的娛樂攤位花樣多得數也數不完。
欸你看。
創啥？
是棒球耶。
沙
要玩嗎？剛吃飽正好消化一下？
好像很難打中……
哇～
如何吸引客人掏出鈔票？
就是表演的時候了。
簡單好玩，連線就送娃娃！

唰ー
1 2 3
4 6
7 8 9
5

轉身投球？真的假的！
超大一聲的！
而且打中最遠的那座！
一局六十兩局一百，買兩局比較划算啦！
小孩跟女生可以站到桌子前面丟喔！
1 2 3 4 5 6 7 8 9
爸爸我也要玩玩看！
老闆哥哥，為什麼你丟的那個要放那麼遠？
喔，那個喔……
靠著表演投球，擺攤時吸引了不少客人，也賺了不少錢。
那是投手丘到本壘板的距離喔！
不過打中也沒有特別獎啦！

嘩—
嘩—
嘩
帥哥、大哥，走過路過不要錯過！這臺最新的遙控飛機保證讓你飛高高上天堂！
她就跟田心這個名字全款（一樣漂亮）婧。
咱對五百開始好無？好！
LOVE & PEACE
是阮霧川夜市的拍賣女王，只要伊有佇遮（在這），永遠攏有人客。
六百！
不錯喔愛你！
加一百！
九百！
緣投（英俊）的MAN喔！還有嗎？

一局六十
兩局一百，
玩兩局嘛！
收你一百，這籃給你。
沒看過的……外地人？
哥哥今仔日你上緣投（最英俊），咱來翕（拍）一張嘛！
來看鏡頭，要來拍囉，三、二……

那邊那個
你咧創啥！
誰！
怎麼了？
Kán！
閣假！
！
有夠衰……
啊！
那個啦！
伊走去矣啦！
哇！

閃啦！
啊！
爸，趕緊叫關一過來處理！
咦……
哇啊！
呀！
阿峰？你要去哪？
怎麼了？

Kán……
閃啦！
哇！
哭爸！
撞到都不道歉！
那人幹什麼啊！
幹什麼！
哎！很危險欸！
怎麼了？
好像有小偷……

抱歉攤主等下就回來了……
呀啊！
拍
田心，妳沒事吧？
不要亂碰我！
歹勢，拄才聽俖老爸講出代誌就很擔心妳……
有賊仔，阿峰去逐矣。
原來如此。
霧川夜市
交給我吧，我會處理！
嘟嚕♪

!
小老弟，
愛追嘛？
想做英雄？
恁爸就教你
秤秤自己
有幾兩重……
喀啦
有種就……
Kán！
大宗小心！
有小偷！
啥！
有賊仔？
交給我！
還不
打死他！
敢來咱遮
偷東西
偷物件。
哪裡？

Kán！整個夜市攏個（都他們）的人……
不行，緊來接我！閃啊閃啊！
別跑！
嗶
嗶
的確沒辦法制伏他……
關一，阮佇（在）美食區遮（這），他想往霧川路出口走！
收到，注意安全，我叫支援過去了。
嗶
鐵板麵 60
雙拼餐 220
牛大排 240
菲力牛排 240
去骨牛排 270
李
牛排攤

七分熟
厚切十五
蚵司蘑菇！
誰點……
李叔歹勢！
我一定會把他
抓起來！

人有夠多！
閃啦別擋路！終於到出口ㄌ……
靠！
啥洨？
什麼東西……
花枝丸？
怎麼、
會有？而且還是剛炸好的……
燒！

歹勢啊張叔……
無要緊！愛偌濟攏會使莫予伊走去！
莫予外地來的感覺咱好欺負！
緊上車啦！閃人了！
當老子真好欺負……
絕對不讓你逃走！

!
阿峰？
那個動作……？
不跟你們玩了啦！
唉呦喂呀……
嚓
王嬤！

王嬤！
死死好啦！
快上車啦！
妳有要緊無？
阿峰……這個拿去……
替我出這口氣……
王嬤……！

騎機車請戴安全帽

成功了！
阿峰……你這傢伙！

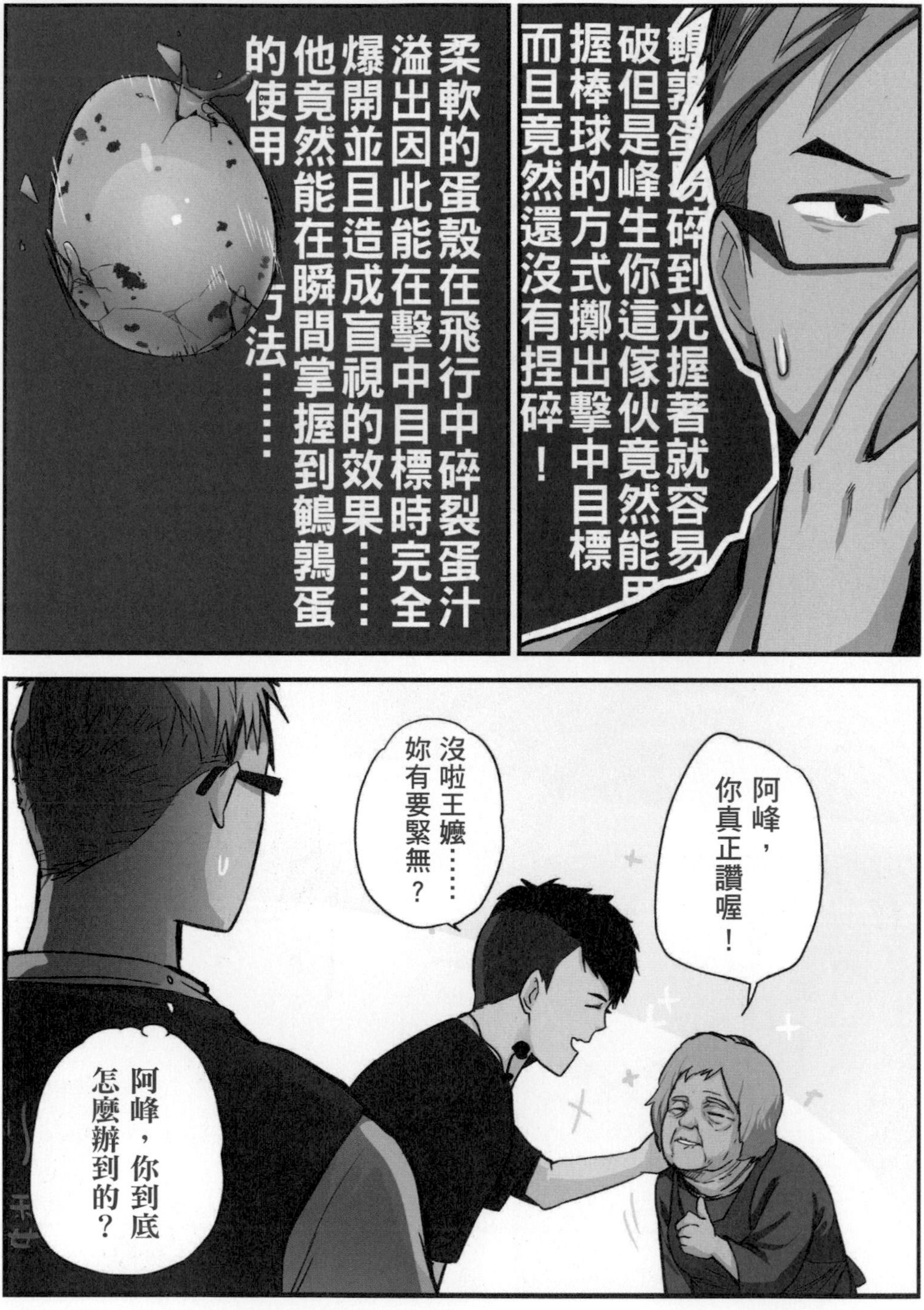
鵪鶉蛋易碎到光握著就容易
破但是峰生你這傢伙竟然能用
握棒球的方式擲出擊中目標
而且竟然還沒有捏碎！
柔軟的蛋殼在飛行中碎裂蛋汁
溢出因此能在擊中目標時完全
爆開並且造成盲視的效果……
他竟然能在瞬間掌握到鵪鶉蛋
的使用方法……
阿峰，你真正讚喔！
沒啦王嬤……妳有要緊無？
阿峰，你到底怎麼辦到的？

弟弟你丟得很準、很厲害耶！
你是棒球隊的嗎？還是練過的？
沒有啦，
我只是在夜市擺攤而已！
……

嘶嘶嘶
！
恁老師嘞……
管理委員會
我不打爆你蛋蛋
今日別想罷休！
我的機車……
我要宰了你！

噠噠噠噠
!!

休想、動我兄弟！

你們也太壓線了吧，阿南。
住手……啊！
呃哇！
哎呀，哪有～
對不起……
我這不就來了嗎，老哥？

好啦肆天，可以住手了。
垃圾！
看你閣（再）敢欺負遮（這）的人無？
張南山
關一的弟弟
方肆天

請各位不要驚慌，夜市管委會已經處理好囉，
請大家放心地繼續享受在霧川夜市的夜晚吧！
這只是一場小車禍，我們會適當處理的！
阿峰，下次別再一個人追囉，給我們處理就好。
哥！
要是你受傷，你家人會很難過的。
好。
怎麼了，無線電裡說你在追誰……
沒事了，關一解決了。
嚇死我了，攤位都變得好亂！
啊……抱歉。

阿峰，你這個笨蛋！
對方一看就知道很危險耶！
大怒
關一不是說過遇到什麼糾紛就通知他來……
那堆食物是怎麼回事!?
妳腹肚會枵無？
妳肚子會餓嗎
收穫
滿滿
我剛剛沿途跟被波及的攤販道歉，就被送了一堆……
辛苦啦！
厲害捏，這個給你吃！
來來這個也拿去！
阿伯阿嬸他們真是豪邁啊！
算了……阿峰你沒事就好！
攤子還你囉。
謝謝……
看到她的笑容……

能夠為她默默做點事，不管會不會被罵，
五十！
一百！
閣有無？閣來嘛～
我就覺得很滿足了。
恁兩个佇這好好跪咧佮關老爺會失禮。
你們兩個在這 跟 道歉

誠心誠意佮伊講
恁兩个做了啥物
好代，知無？
跟祂說
你兩個 什麼
好事
武德

機車上的這條紅綾頗少見……是你們宮的嗎？
講話啊！
管理
是……
離這裡很遠呢，特地騎那麼遠跑來這偷東西……
真的是很稀奇呢。

張叔，你有熟似（認識）慈恩宮的人無？
慈恩宮……神源區遐的（那邊的）hioh？（嗎）無咧（沒有呢）。
也太遠了吧。這麼會跑，你去跟他們打個招呼吧？
好，我再去處理，那這樣就沒事了。
哇啊！
痛死啦，別拉！

哇！
以後別再傻傻地來送死啊，知無？
這次算你們命大！緊閃！
可惡……
咱先來走啦……

1:00 AM

1:50 AM
唰唰——
回來了。
回來啦，肚子餓的話吃一點東西再去睡。
嗯。

學校怎麼樣？還習慣嗎？會很遠嗎？
還好，跟國中差不多。
你們喔，才剛放暑假就要什麼暑修的，
老師都不用放暑假喔？
嗯。
別數了，等下媽媽算就好，你吃一吃快去睡覺，明天還要去學校。
嗯。

武德高中
林峰生
睡了。
晚安。
2:10 AM
沙
沙

考卷
作業
哇，根本看不懂⋯⋯
算了⋯⋯明天去學校再看看有沒有人借我抄。
收包
我叫林峰生，
今年十五歲，剛上高一的暑假。

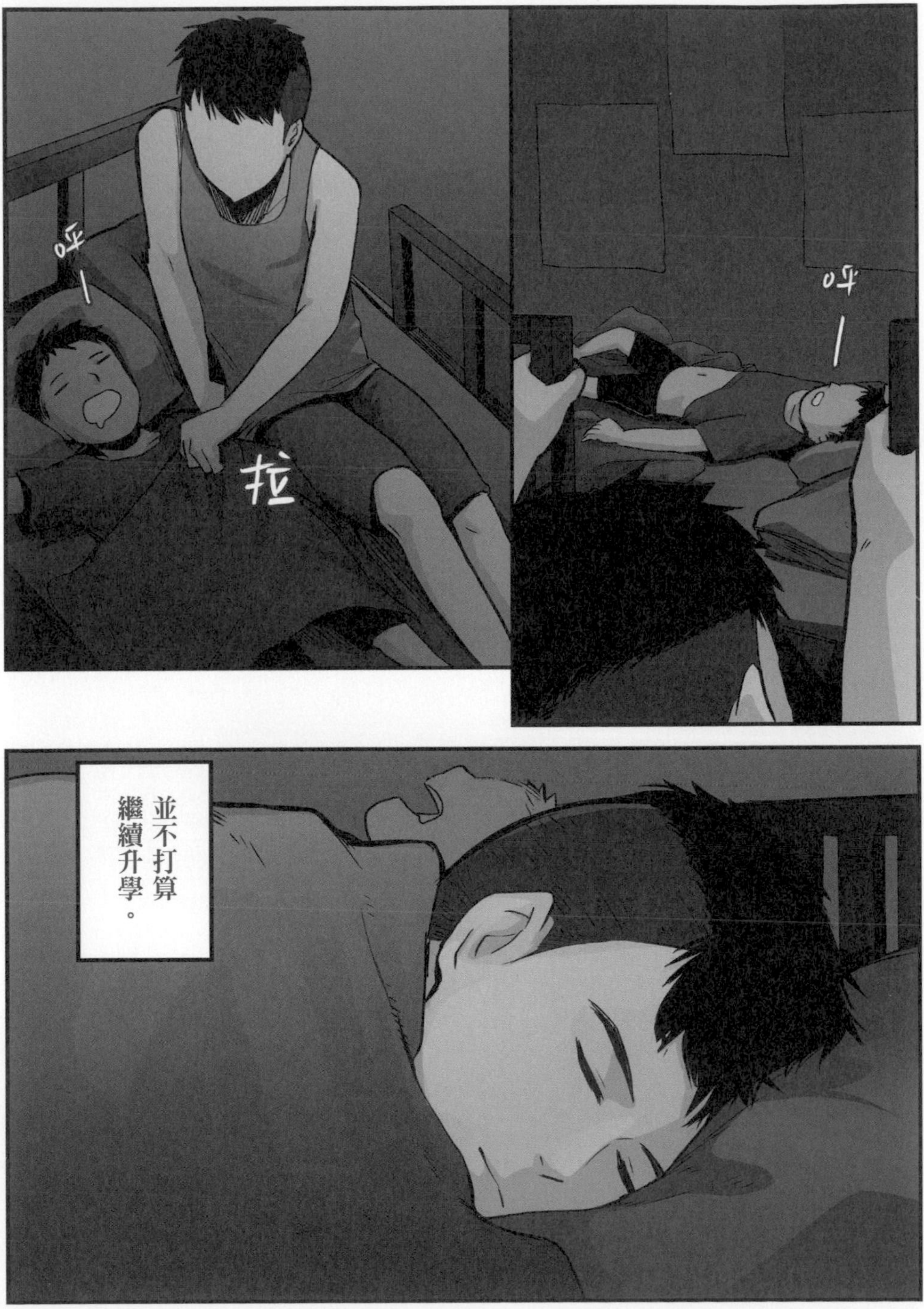
呼—
呼—
拉
並不打算
繼續升學。

為了畫夜市場景，
特地四點多就去夜市
拍人家如何擺攤開攤。

被當成奇怪的人的樣子，
不過因為看起來很像觀光客，
所以沒有被趕過。

第2回. 屎缺

紛飛的春櫻點綴了整座球場，那是我看過最美的棒球場。
這支球隊就交給您了！
您願意擔任孩子們的教練真是太好了，郭武義先生！
武德
當時，接下聘書的我，心中是這麼想著的。
聘書

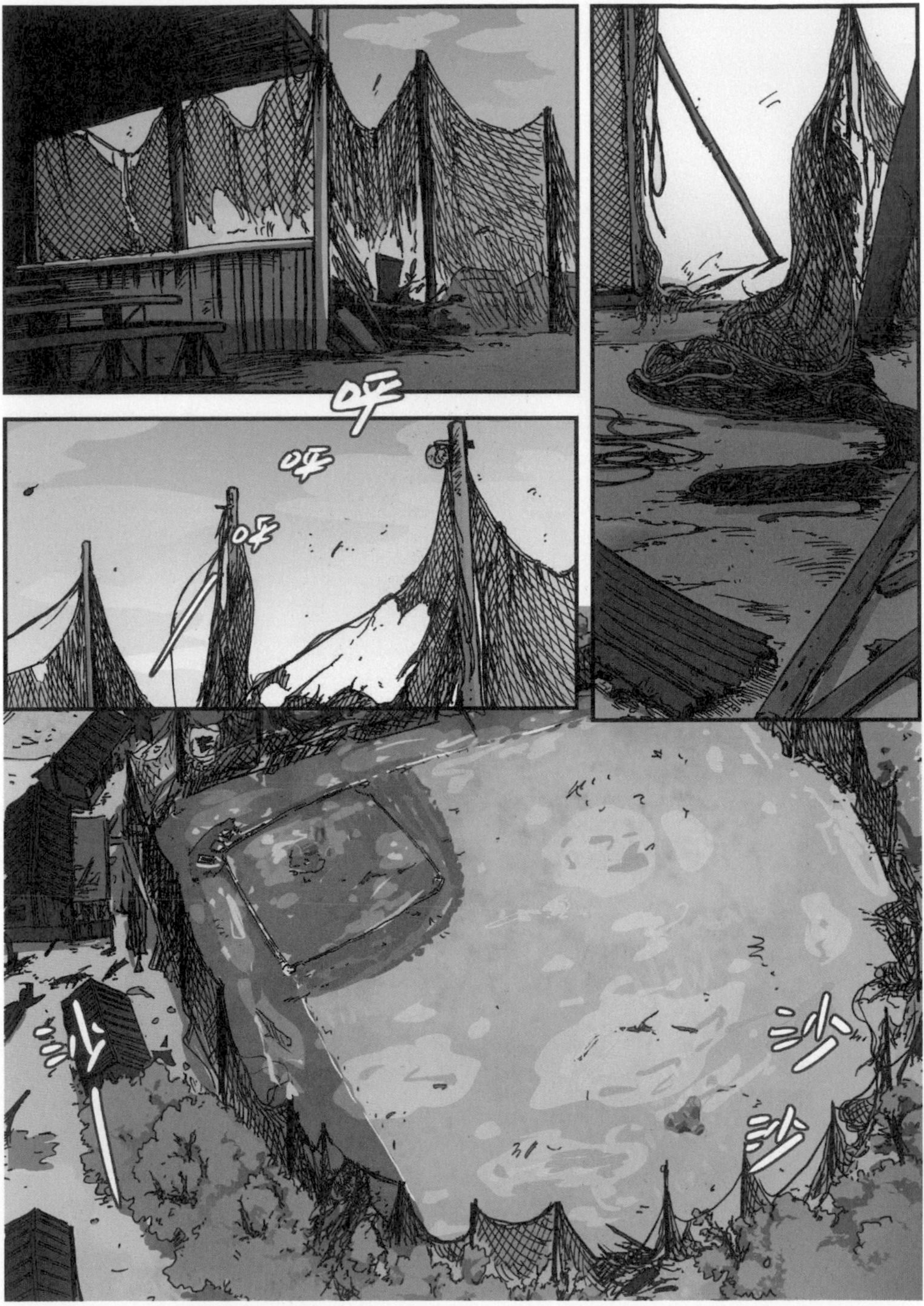
呼
呼
呼
沙
沙
沙

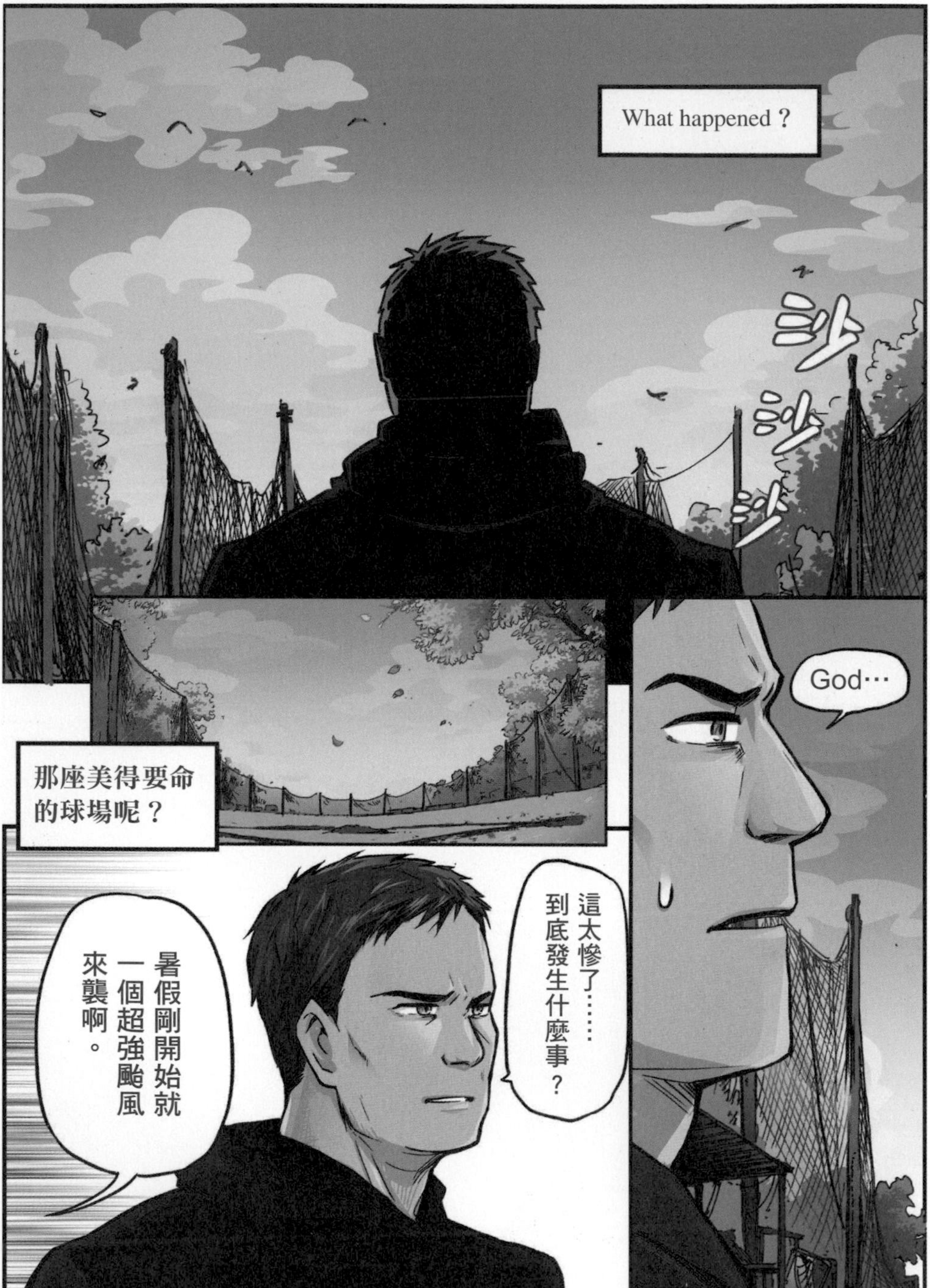
What happened？
沙沙沙
God…
那座美得要命的球場呢？
這太慘了……到底發生什麼事？
暑假剛開始就一個超強颱風來襲啊。

呼
呼
呼
大概是臺中對颱風根本沒感覺，所以完全沒準備……
一壘休息區、鳥籠損壞、護網九處脫落，廁所倉庫安全。
……水電正常，以上是我們的球場損害報告，教練。
張關一
棒球隊隊長
林副！馬上打電話去問附近所有的球場借場地！
好！
等等回學校後，立刻跟總務處提報修！
沒問題！
林瀑雲
副教練

這樣的場地不能練球，
先整理環境，
注意安全。
能先排除的就
先排除，動作！
不愧是百年
強颱啊！
竟然連消波塊
都吹過來！
搬得動嗎？
帶電腦來球場，
還不動作……
這傢伙是？
唉呀呀～
盯

強 爛死
大白 垃圾夜市！
MS 毫無特色
黃阿亞 打死我都不會再來這種鳥地方！
哇嗚……好多的一顆星負評啊，完全看得出是在洗評價呢……
什麼！
昨天那兩個弱爆的垃圾嗎？
啊哈哈哈哈
嗚我苦心經營的零負評專頁……
打不過老子就動這種手腳！
殺他全家
關一哥你叫他們出來講啦！我保證不打死他！
我來就好！叫他們出來輸贏！
哈哈
免，你們兩個給我去掃地……
他就是球隊的隊長，張關一？

沒有三年級生，只有兩個二年級，人數怎麼這麼少……
喀啦
喀啦
是被挖角走嗎？
上上屆還很正常，高年級也有出賽，和得獎紀錄。
但為什麼……都轉校了？而且都是不同的學校？
沙沙

那是……
精英聯賽的獎杯？
我記得停辦很久了……
忘記背後
總教練，借不到場地，到處都因颱風嚴重損毀……
已經跟學校報修了。
忘記背後……？歷史強隊貼這種標語也太謙虛。
好，等等我們來想辦法，看有沒有替代方案。

沒時間想這麼多，球季已經開始了……
我得想辦法先生出支像樣的球隊，至少人數要夠……
嗨教練！你剛從美國回來對不對？
來我家坐坐吧！估狗霧川的武聖宮就找得到我家囉！
……坐坐？
對啊來跟大家一起泡茶聊天！說不定會找到你想找的喔！
……我有空的話就去。
我想找的？他指的是什麼？

那個……教練，我想先跟你確認一下，
你剛從美國回來，很多臺灣的事情應該還不太清楚……
真的很不好意思，但我想提醒你一件事……
說吧，什麼狀況能比被吹爛的球場還要糟？
刷
這支球隊只剩下一年的時間了。

根據體育班的設立辦法，只要我們在三年內……
沒有獲得縣級以上的名次，就必須停辦。
我們目前光是湊出一軍就很困難了……更何況要在今年內拿到名次……真的很抱歉讓你剛回來就得面對……
用不著道歉。
！
謝謝妳告訴我該做什麼了，我的任務……
就是讓這支球隊贏球！

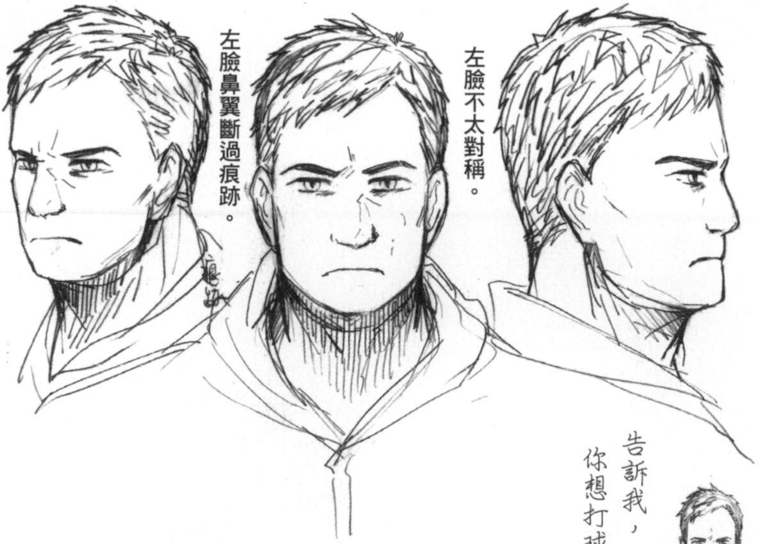
左臉鼻翼斷過痕跡。
左臉不太對稱。

告訴我，你想打球嗎？
M-51 軍外套

郭武義（38 歲）

188cm ／武德高中總教練／以投手身分旅美，背號 50 曾效力於美國大師聯盟的 XXXXX 隊，閃電退休後歸國。總穿著連帽外套，一臉兇狠。有一女一子，兒子在美國讀書打球（高中）。

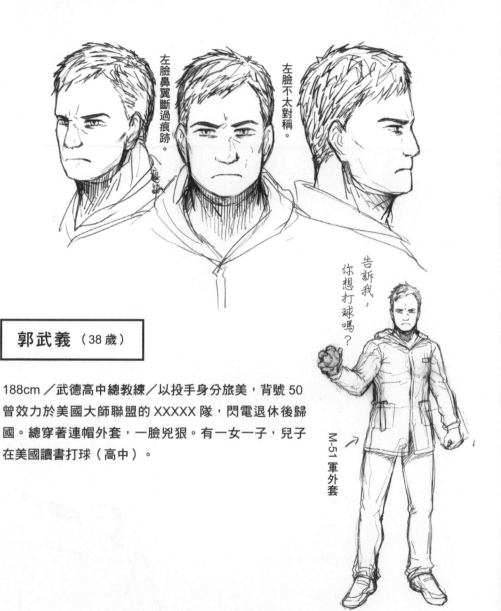

冬天搬到臺中時收到聘書，
順便來球場看看，
就被滿天的櫻花吸引了。
開始帶球隊時是夏天所以沒有開花，
不過其實球隊的靈感來自於……
設廠在附近的櫻花熱水器。

第3回. 一言不合就Battle

下個月就是中元普渡，大家互相幫忙。
今年我們從普渡前天開始休市。
車車
車車
車車
管理
霧川夜市
那兩天的工作我已經都分配好了……
哎呀，鬼門都還沒開，就有兄弟來報到了呢。
霧川夜

叫恁大的出來講！
今天沒把面子討回來休想罷休！
爸！是那個撞到你卻跑掉的死猴囡仔！
就是他們？來佮（跟）恁爸輸贏！
啊，我剛好想找你們談談，你們自己過來正好。

那個評價啊，可不可以收回去……
Kán！
嚓
竟然害我在兄弟面前出糗！
還有我的愛車也被刮成那樣！
Kán！
發生什麼事？
死猴囡仔恁爸今仔日就共你拍死！
要動手是吧，來跟我輸贏！
肆天冷靜，我來處理。
你是咧大聲啥（什麼）啦！
糟糕……
喂你們給我冷靜點！

放開我兄弟！
肆天！
操！
拍
你是揀(推)啥潲！
怕你喔？
揪
高了不起？有種過來輸……！
你們不要再打了！
唰
田心！這裡危險，別過來！

靠打架能解決問題嗎？
這麼愛打，就去球場上打！
！
霧川VS不良

畫好啦！
沙
我幫你們做主審，你們就開心打吧。
武德宮理事　林金成
啊怎麼變這樣？
我阿知……大哥就說要跟他們輸贏……
Kán共恁爸翻桌就走，害我閣賠人客五百塊的洗衫錢……
恁爸若輸予恁，今天晚上就沙朗牛排買一送一啦！
爸，你這句話，就別給阿母聽到。

真的就打起來了耶……
我只是清彩（隨便）講講爾爾（而已）耶……
無要緊，橫直（反正）咱閒閒無代誌做（沒事做）。
罕得（難得）有人，拍球予（打球給）咱看嘛袂穤（也不錯）啊。
加油喔！
田心、阿峰，你們在旁邊顧飛球，順便幫我個忙。
相機？
啪
喀
對啊，幫我們多拍一點照片喔！
拜託了！

我是打過一點啦，嘖……真麻煩。
嘖
管理委員會
唰——！
STRIKE！
死猴囡仔，今仔拄著（遇到）恁爸算恁衰！
咻
咻
咻
咻

對食物不負責任
是投不好球的！
給我向牛排道歉！
爸你小心別
又閃到腰。
前國手兼業餘棒球投手
李大平
現職夜市牛排攤老闆
啊！
這大叔，
講啥痟話……
唰
我只會打人
不會打球啊……
STRIKE！
STRIKE！
咻
三人出局、
攻守交換！
哇，原來
李叔這麼
厲害喔？

後，三個出局了，換面寫！
哇！
什麼時候開始計分的啊？
3－0
1▲ 0-0 OUT 下
橫直（反正）咱閒閒無代誌，就來鬥（幫個忙）相共啊，呵呵。

好啦……
就讓我來教教你們，球棒的正確使用方式吧！
魂

前方兩百公尺後，
目的地在左手邊。
是那邊吧？
那孩子說的廟……
……咦？

煞
棒球？
這裡也有棒球比賽嗎？
啪噠

厲害，肆天！
厲害
gáu呢！
球直接飛進霧川啦！
好強的力量……
竟然飛那麼遠……
垃——圾，怕了吧！現在認輸還來得及！
怕了吼！
……
少小看人啦！嗆屁！
我也打得出去！
嘖！
美姨接著！

奧斗！
喂，你死矣呢，闇毋轉去（還不回去）！
妳才死矣！我較早踏著的！
啥物（什麼）！無大（沒大）無細講啥物（沒小說什麼）。
妳老花眼啦！去配眼鏡啦妳！
啥貨（什麼）？我才四十，什麼老花眼！
我還以為要讓妳博愛座咧！
你這死猴囡仔……
好啦美姨，莫佮伊生氣（別跟他生氣）。
跟外行人打還真累。
怎麼這樣……

欸！
誰管你們啦！
跑回本壘得分就對了！
閃啦！
唔。
他們在幹嘛啊！不懂裝懂耶！
是不是輸不起啊？
關一，別跟他們客氣啦！
你血壓高，別生氣啦。
用拳頭跟他們拚輸贏較實在啦！
頭都洗一半了，就好好打完吧……

加油！加油！別輸給他們！
……
呼——
呼——
呼——
可惡……不尊重食物，又不尊重棒球……
你們這些欠人教訓的死猴……
囡……！

李叔！
閃到了呦？
救、救人喔……
好痛的感覺……
我以前可是隊上的王牌啊……丟兩百球攏沒要緊……
三十年前hioh？
二十八年而已啦Kán！
恁爸還沒有要退休……
恬恬休息啦，不認老。
欲認輸嘛無要緊喔，垃圾們。
按怎？要認輸了嗎？
阮嘛不想欲欺負老人嘛，你佮阮（跟我們）道歉就好！

嘶……
少年仔，
換你上場囉。
……咦？
呼
呼
對啊，你不是在擺棒球攤的？
給自己人幫忙一下。
不要讓
毋通予外來的欺負咱，加油，緊去！

幹嘛這麼麻煩啊？
我一個人就可以打倒他們啦？
你們喔……
不要每件事都只會用拳頭解決啦。
這樣的話……就太無聊了呢。
咦？
阿峰？

!
停在這應該不會被拖吧……
嗶
認輸？別開玩笑了，
換我來投！

……
阿峰！
驚
！
啊！
啊、
啪
啪
啪
哇啊啊……
蛤？跟我們一樣是個外行耶！
球是會燒喔？肉腳的！
不要把我們很弱的事情說出來啦。
……算了，趁機打爆他們，結束這場鬧劇！

STRIKE！
這才不是外行啊！

STRIKE！
奧斗！
STRIKE！
就是他吧。

說不定會找到你想找的喔！
的確是塊完美的璞玉，但是「那傢伙」也同樣讓人感興趣……
那傢伙
呵
你們到底會成為什麼樣的球隊呢？
嘶嘶

真令人期待……
我忍不住啦！戴嬤交給妳！
唉呦……這啥物物件？我用袂(不)好啦
免煩惱！共阮(把我們)當做妳的金孫來翕(拍)就好！
這種愛(要)按怎(怎麼拍)翕？
我袂(不會)曉用啥物鏡頭呢……
這馬(現在)相機攏(都很聰明)誠巧啦，免調整！

我攏用手機翕(拍)我的寶貝金孫，妳要看阮孫無？
等咧才看，欲揤佗一粒(要按哪一顆)？
這馬無像咱古早(現在不用像)愛轉來轉去，妳頂懸彼粒揤落去(上面那顆按下)就會翕(拍)矣。
啊你閣會使(還能)講話喔？
真巧真巧，我來翕(拍)幾張好看的……

魂

啊啊啊啊啊
慘
到底為什麼要打這場比賽啊……
啊啊啊啊
啊啊啊啊
混帳！下一次不會再被牽著走啦！
給我記住！
拜拜～前面會有警察攔檢喔。
可惡！浪費時間……
你先戴帽子啦！
轟轟轟
呼，好累。
緊來啉茶歇睏！
喝
好渴～
教練還沒走啊？
轟轟轟
霧川
管理

辛苦大家囉！
該開始準備晚上擺攤了，普渡工作分配表我再賴給大家吧！
痛痛痛……
等下載你去喬完以後就回家休息啦，晚上攤子給我顧。
阿南、肆天！
按怎？

明天早上陪我去神源區辦個事。
蛤？可是我們要去打工耶。
一下就好，幫個忙。
要做什麼？
霧川夜市管理委員會
當然是去找人談事情啦。
霧川夜市管理委員會

你車子不能這樣停啦！行照駕照。
那邊那群小鬼給我站住！
學長，追！
別讓他們跑了！
好，抱く…

第4回. 交關

臺中　神源區
初次見面，我姓張，叫張關一。
是霧川區武德宮張會長的大兒子。

霧川區的武德宮？
你大老遠跑來這我們當然很歡迎……
不過，為什麼？

難道我家孩子在你們那添了什麼麻煩嗎？
糟……
!?
哈哈，您看看這些照片就知道麻不麻煩了！
照片？
？
我們打了一場好愉快的友誼比賽呢！
我想你們應該會對這些活動記錄照片很有興趣！

唉呦，這不是那群小鬼嗎？
竟然瞞著我們偷偷跑去跟人家打棒球吶！
還穿裝備，拿球棒！
平常只會打架鬧事，足gôu（好厲害）呢！
啊啊這張好可愛！抱在一起討論的模樣好認真！誰拍的這麼可愛！
平常時攏無啥（都沒什麼）精神的阿強，哪會遮緣投（這麼帥）！
到底……
到底拍了什麼照片啊……？
竟然被稱讚……
好想看……
這些照片很正面很健康可以跟你要嗎？
我想貼在廟裡的公布欄上，給大家看他們打球的樣子……
當然沒問題！這是拷貝光碟。
檔名都用標籤幫你貼好了！

張關一，我知道你爸爸是誰，
我很喜歡你這個年輕人，很聰明。
！
霧川市
咱張、廖兩家本來就是一家人，以後遇到什麼困難儘管開口，
我能力所及以內攏免客氣。
謝謝委員！
握

啊！
哈哈，跑真快！
喂，我談好事情了，回去吧。
蛤？免動手嗎？
不用啦，這種小事動嘴就能解決了。
Pèh-tshi（白痴），無聊欸。
霧川夜市
委員會

來去吃早餐吧……
叮！
阿南、肆天，你們先回去吧。
那我們直接去打工了喔。
好，我要去學校一趟……
郭教練
整理好了嗎？
教練早安~怎了？
今天能帶資料來學校嗎？順便幫個忙

教練！
咦？這些東西不是放在球場嗎？
我剛剛去載回來的，球場不能用，放在那也不方便。
資料有帶來嗎？

這是你要的資料，那個……借到球場了嗎？
完好的球場都被搶先登記了。
這樣啊……
所以我找了個緊急方案。
緊急方案？

呼呼呼呼
欸……
呼呼呼
欸欸欸？

蛤？
真的假的啊！
我一開始也覺得是玩笑，不過想想就能理解了。
可是，這樣真的沒問題嗎……不會被抗議嗎？
講好啦！
OK

那個學生……
我弟跟肆天去打工了，拜託幫忙一下啦……
我已經打電話給這邊的里長得到同意了。
真的？
真的，他以前可是差點去打職棒的呢！聽到我們要練球就超級支持我們喔！
颱風嘛通融一下也不是不行，大家互相幫幫忙～斷枝落葉區公所都清好了。
不要把球打到水裡的話，其實也是沒關係啦！
人因夢想而偉大！勇敢追逐棒球夢吧少年們！
是喔……
你是武德的學生嗎？幾年級生？
啊，教練。
是，我是一年級。
太好了。

少年，我看你一身骨骼精奇，是百年難得一見的練武奇才，
要不要加入棒球隊啊？
試圖表現親和力
……我可以開始工作了嗎？
教練……？
……好。
嚇到
就在下面搭一個球籠，不能鑽不能破壞，
我盡量試試看。
現在小孩都不看周○馳了嗎……
年代差挫敗

欸，你們看！
是教練跟關一耶，他們在橋底下做什麼？
天曉得。
那個看起來應該是要給我們用的？
如果早點弄好，就可以早點開始練球不是嗎？
嘖……好麻煩喔。
真是愛自找麻煩的笨蛋。

用力!拉!
一、
二!

完成啦！
看起來比想像中好很多啊！

好想快點試打！
來，
辛苦了。
謝謝。
你叫什麼名字？
林峰生，山峰的峰。

剛剛的邀請並不是在開玩笑，我很認真。
你投球的動作非常漂亮，很有天分，
你願意來幫忙應該很喜歡棒球吧……
啪
啪
啊，抱歉！

謝啦阿峰！
……！
咻
記得說好的服務時數，我先走了。
好的，沒問題，晚上見！
我先走了。

教練，我也要喝飲料！
嗯。
……教練，
你上次來得太早啦，夜市都還沒開始呢。
我們霧川區最有名的就是霧川夜市，
非常多當地人在那邊擺攤喔！
關一他是個非常聰明的孩子，

反正……暑假才剛開始而已嘛。
他一直在用自己的方法告訴我該怎麼作。
嗯，我會去的，謝謝你。
我相信一切將會比我所能想到的，都還要有趣。

啊對了，我們比較
流行用 MEME 啦！
周〇馳還是可以啦～

第5回．鷹之夢

WOOHHH
哇—— WOW——
是臺灣的夜市！Taiwan Night Market!
妹妹很燙，要小心拿喔。
Thank you!
You're welcome!
把拔，那是什麼？PAPA, what's THIS?
地瓜球。
馬麻！MAMA!
Fries sweet potato balls.
我要吃那個！I want to eat that!

小秀小心，會燙。
I want to eat that!
啊～
啊——
親愛的，小秀果然也很喜歡臺灣的夜市呢！
我也好久沒回來逛了。
每次在美國看旅遊節目介紹時，就會覺得好想吃啊。
是啊，在美國時總是特別懷念這些東西……

除了訓練和比賽，
就是在飛機上移動。
孩子在電視上看到我的時間，
比實際擁抱的時間還長。
現在我們搬回臺灣了，
雖然感覺依舊複雜，
但卻很好。

但是，
他在哪裡呢？
那傢伙說的，
我想找的，
是我不幸地
錯過了嗎？
便宜的童裝，
最新款！

小姐，你們從美國回來的對不對？吼我一聽妳講話就知道了啦！
算妳便宜！兩件三百就好！
哇啊好便宜！還有其他顏色嗎？有連身洋裝嗎？
扁宜～
這件妳看看，這年紀的小孩最喜歡跑跑跳跳了！
那個，
親愛的……
我們家長也很擔心小孩子跌倒吶！
對啊她好好動喔！
對吧！這件小孩穿起來很輕鬆自在……
小秀妳喜歡這件嗎？
妳慢慢挑……
你們妹妹真的好可愛！是混血兒嗎？
只有四分之一，我老公是臺灣人，我是一半一半。
唉呦～莫怪生甲遮爾婧！
難怪長這麼漂亮

趁現在！
啊這個妹妹好可愛！
她穿的這件我也要買！
無法忍受購物的氛圍
來喔大哥參考看看！
全部都只要五十元！
結果逛了大半圈，都還沒看到那個孩子……
難道是被耍了……
啪！

那聲音，
我不可能聽錯！
借過。
小姐要不要玩看看？
一局六十，兩局一百！
I got you.

I found you.
丟中板子就好，很簡單喔！
擔心的話，我丟給妳看！
拍
咻
對吧，很簡單吧！要不要試試？

怎麼可能做到啦……
又不是漫畫！
奇怪，這有很難做到嗎？
明明很簡單啊……
我要玩兩局。
好！
這樣收您一百……
教、教練？

沙

1 2 3
4 5 6
7 8 9

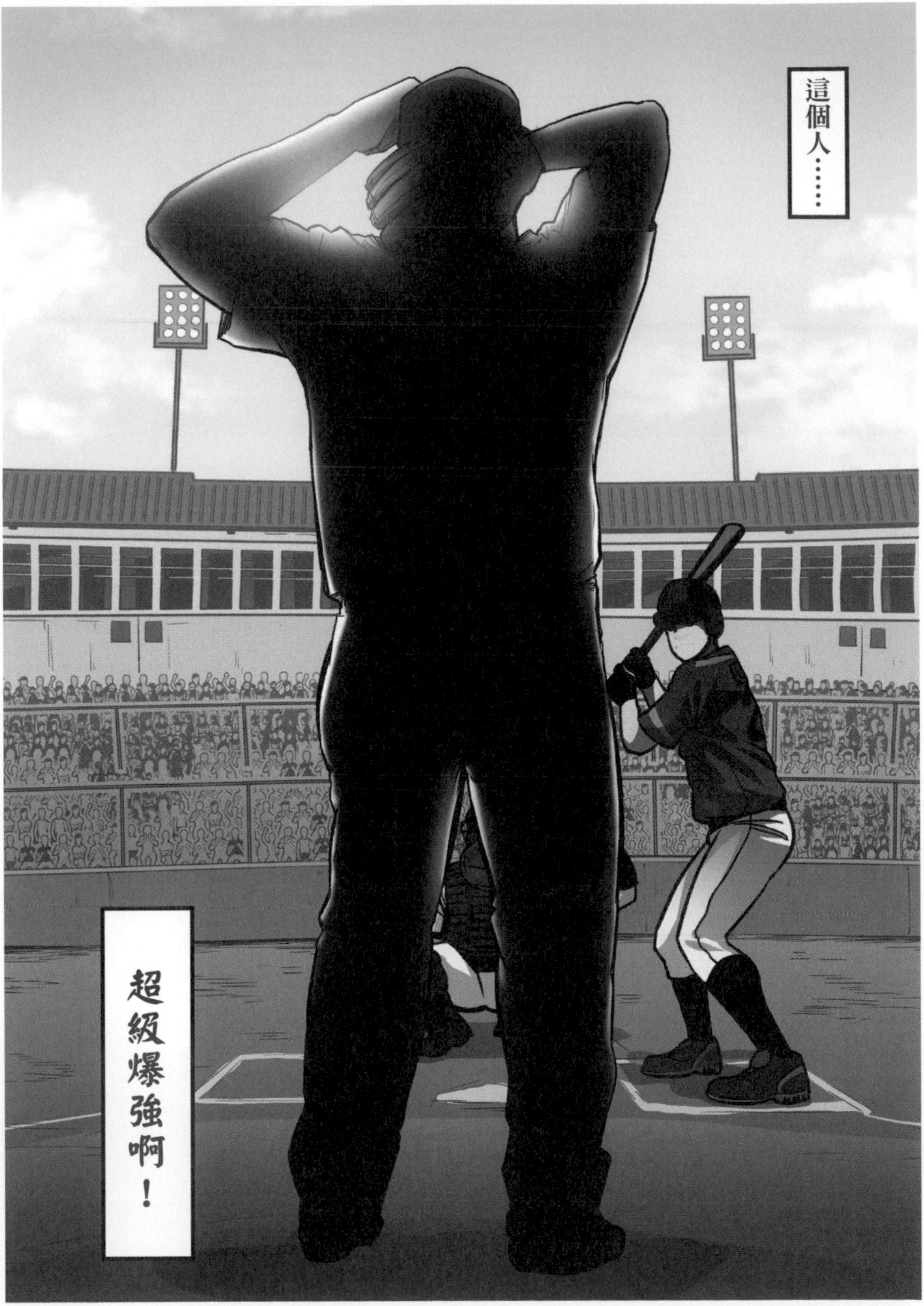
這個人……
超級爆強啊！

在夜市擺攤，總會遇到比較會丟球的來玩，
也就只是笑笑地，讓他們帶走獎品。
但這個人的等級，完全不一樣，
完完全全。

到底怎麼做到的？
為什麼球的飛行弧度這麼大？
2
3
4
7
9

3

好……

好想……
自己投一球看看啊！

!
拉

我真頇顢講話，
笨拙
毋過你嘛會當做甲佮我仝款。
但 也能夠 做到跟 一樣

……！
很好，
非常棒的眼神。
接下來就自己好好地體驗吧。

這股握在手中的悸動！

白頭海鵰
黑鳶？

第6回. 有抑無

在夜市裡擺攤嗎？
對啊，遊戲類的！
目前霧川還沒有棒球九宮格，你只要搭簡單的架子就可以囉！
丟得準就很容易吸引客人！
1 2 3
4 5 6
7 8 9
可是我不會投球……
放心吧，我棒球隊的，我教你投！
你想要擺攤？很辛苦喔。
沒關係。
……那媽媽來想辦法。
弟弟，我們玩兩局。

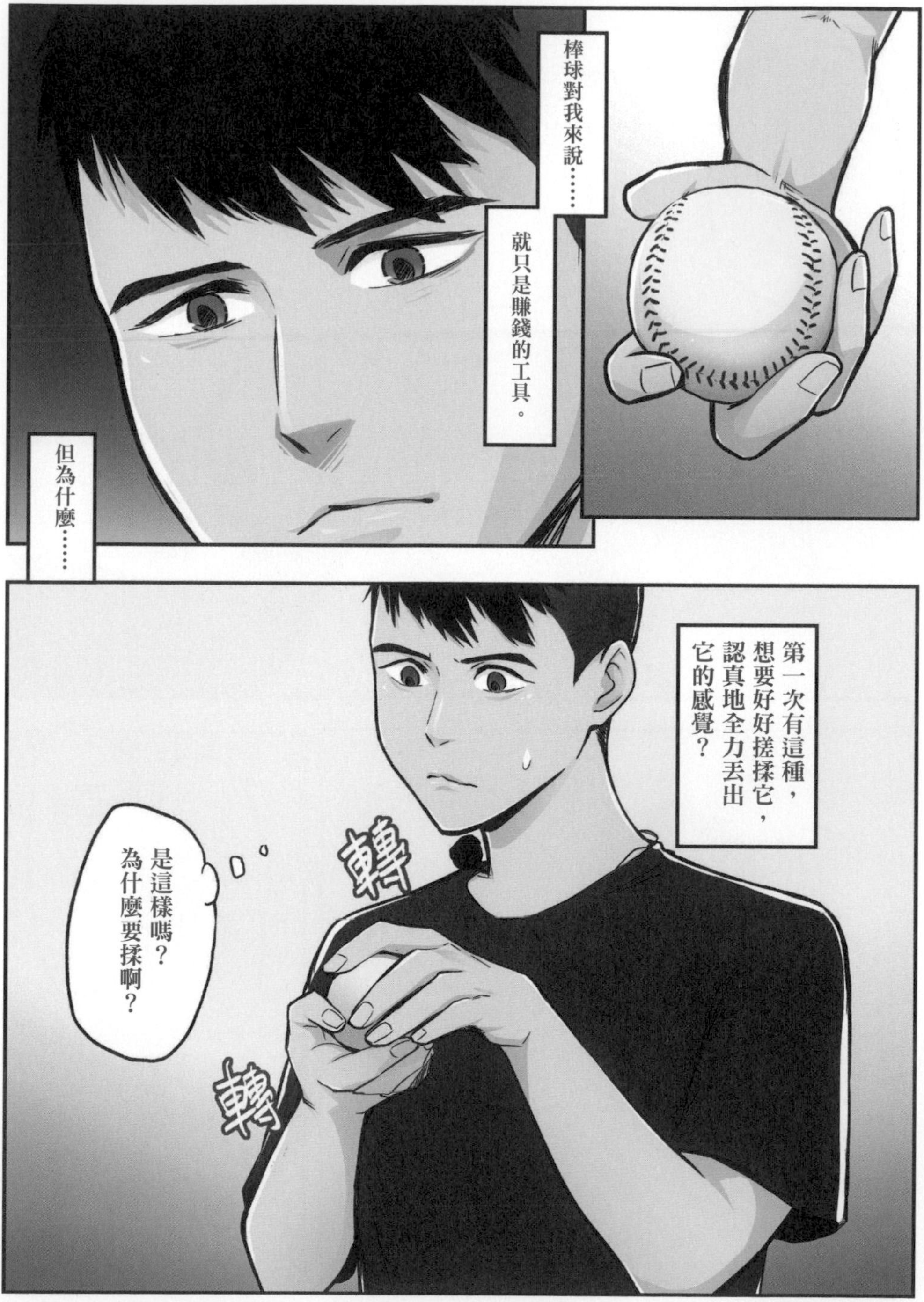
棒球對我來說……
就只是賺錢的工具。
但為什麼……
第一次有這種，想要好好搓揉它，認真地全力丟出它的感覺？
是這樣嗎？為什麼要揉啊？
轉
轉

剛剛他的手指是不是有偏一邊啊？
這樣嗎？怎麼握不穩……
等等他是不是用左手丟啊？
好！至少有八十七分像了！

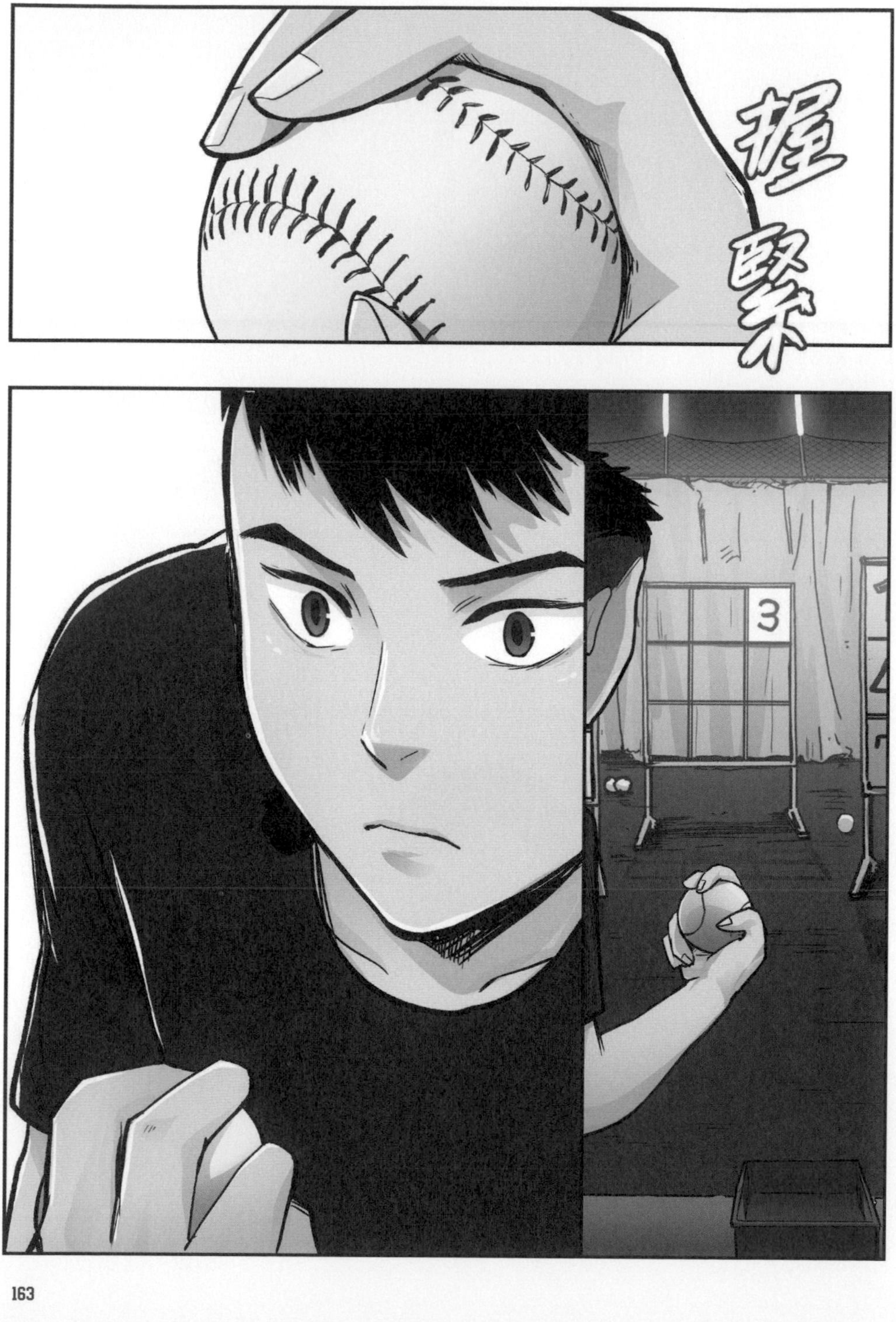
握緊
3

咻

3
驚
!
不錯嘛，鑾有模有樣的呢。

霧川夜市
管理委員會
我沒有在練球啦……
就、就只是沒客人，剛好剩一塊……
一時之間手癢而已……
霧川夜市
管理委員會
我……！
棒球上的線叫作縫線。

把你的手指放在縫線上，
這是設計來幫助固定你的手指的地方。
不同握法就會有不同的飛行路線，
而球種名稱就是依照特性而命名……
嚓
管理委員會

會轉彎的不只有海豚喔，曲球也會！
我先去忙啦，掰掰～

別逞強喔，今天你幫忙搭鳥籠已經很累了，阿峰。

這樣就夠了……
剩下的就耐心等待吧。

我想要確認這份在胸口中鼓躁的感覺，到底在渴望什麼……！

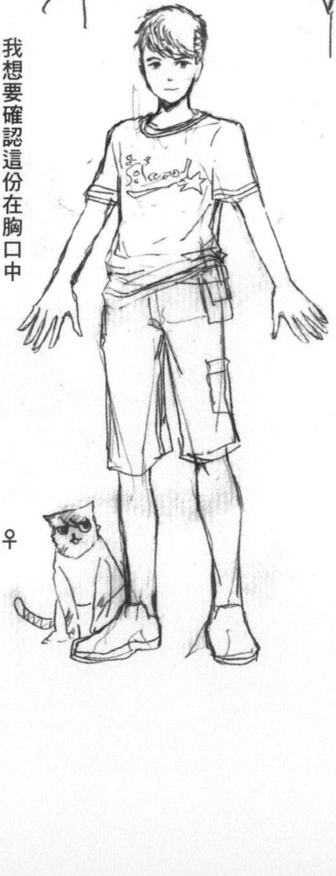

阿醜♀

林峰生（15 歲）

身高 175cm

體重 65kg

本書主角，武德高中一年級生，七月五日生，巨蟹座，遇強則強。

國小的峰生

第7回．毋是冤仇人就是朋友

阿南、阿天，再推一車過來！
嘎啦
來啊！
嘎啦
強強，你那邊東西收好過來，幫我攪一下。
好～

恁娘咧！竟然共（跟）我講後個月才算，啊我這馬（現在）提（拿）料免錢hioh？
你哪會無叫我去？我替你講啊！
唉呦，最後講一講有給就好了啦，幹嘛找一堆人去鬧。

工程太多
最近工課傷濟
我腰閣痛
起來矣……
盯
你老婆
啊恁某無講啥喔？
這麼沒
遮無路用，
沒
袂棄嫌你喔？
看
恁娘咧！
這麼辛苦還
我做甲遮忝閣
給
共我嫌！
Kán！
啪！
強強，今仔日
這麼安靜
你哪會遮恬
都沒
攏無講話！
強強誠巧呢，
教一下矣就會，
不錯不錯
袂穤袂穤！

欸阿天、阿南
你們兩個，
明天要上課，
還是要來幫忙？
……
欸，明天
星期一，
推
推
去學校練球啦，
快比賽了。
我哥說教練弄了
個什麼新的東西
給我們玩耶，
但我想賺錢。
走啦，早上跟我
去練球，下午再來。

好啦，師傅，我們做下午。
啊你咧，強強？明天要來幫忙嗎？
我做整天。
你免上課喔？
我沒讀高中。
強強他在宮裡跟班的啦，
他跳那個八家將，跳得很厲害，鼓也很會打咧。

好奇
盯——
看啥
瞪
師仔，阮明仔載愛練球，愛先來去啊。
明天要
要
好喔，明天下午要記得來上工，這馬跤手歹揣啊。
現在人手難找
拖
拖
好，阮來去啊。

沒想到那個傢伙跟我們同個工班。
師傅性子不好，你別惹他，不然到時候我也挨揍。
！

創啥？閣想欲揣死喔？
啪
Kán！
……？
我欠你們大哥一次。

雖然不知道你們大哥在想啥，
但上次他沒報警，還在師傅面前幫我們說好話，這筆我會記著。
啊那是你跟關一的事情，這個又是什麼意思？
你們不是他的小弟嗎？當我請你們吧。
???
???
真正的弟弟
啊，肆天……

!
啪
三八，
來食薰啦。
抽菸

……
Kán。
無超過一百的，我毋食喔。
毋食準算啦！你食家己啦！
提來啦，自己說要請的。

欸，你們都棒球隊的？
那最好是打得贏你們啦哭爸！欺騙我的感情！
誰叫你傻傻？
田心講兩句你就點頭了，你是不是喜歡人家？
哪、哪有啦！
齁，男生愛女生，羞羞臉～
恁娘嘞！
羞羞臉～
閃啦！

人家可是我們夜市之花耶，想引起人家注意就偷東西？按呢毋通（不可以）啦～～
而且阮哥佮意伊（喜歡她），你莫亂插隊。
摸啥啦！
你們幾個！
感情哪會一下啊變甲遮爾（得這麼）好？
師傅！無啦阮本來就真好～
較早轉去歇睏（早點回去睡覺），明仔載（天）莫共（別給）我遲到啊！
師傅再見～
……歹勢啦，給你們大哥引起那麼大麻煩，不知道要怎麼表示……

我是他親弟弟啦，
你只要把我們粉絲
專頁的負評收回去
他就很開心了。
他很在乎被
洗評價喔！
竟然只在乎
那幾個讚嗎？
親弟弟……啊
你們看起來
比較像兄弟啊？
因為倫家我們
感情好啊～
會羨慕吼？
對對對我好羨慕。

哈哈……我跟我兄弟們感情也很好喔，
我們一群人整天被師傅罵來打去，
一起幹壞事，再一起回去挨罵被揍，
……這是我們第一次被師傅們稱讚。
夜市
你哥這麼大費周章地留面子給我們，
我第一次遇到人對我好，真不知道該怎麼面對……
啊哈哈

沙
我叫張南山，你可以叫我阿南。
交個朋友吧？
但是你太白目的話，我還是會揍你。

掰掰——
那傢伙意外好相處嘛！
你也還真奇怪，對他有興趣。
轟轟
畢竟我跟我哥都是在廟裡長大的呢。
我想是出於同情吧。
跟著看了太多事情，同情心嘛……要說沒有也很難的。

同樣出身的你，應該也這麼覺得吧，肆天？
……知啦。
你跟關一果然真像。
畢竟我跟他才是親兄弟啊。
對啊，
明明你不像我一樣缺錢。

卻硬要跟我來做粗工，
你明明不缺零用錢吧？
……
……明天你
會來練球吧？
……
你應該先擔心
自己，喝這麼多。
安啦，我酒國
HERO吶。

哈哈。

蛤，抽菸和未成年駕駛
是不良示範？
這不是一本要拿教〇部
優良漫畫賞的漫畫喔。
會上警語啦。

附錄

嗨我是蠢羊！感謝你購買棒球人生賽的實體書！
附錄的特別番外篇裡，我想跟大家聊聊我從畫消防員，警察漫畫，轉到棒球漫畫的過程。
二〇一六年就開始斷斷續續撰寫棒球漫畫大綱，直到二〇一七年經典賽輸太慘……所以就怒到正式開畫。
當時《火人》第三集正在結尾，
草案[1]也送進國會，通過一讀了。
一切都很順利，大家開始關心議題、協會[2]也很順利成長，
感覺我真的可以改變什麼。

※1：《工會法》修正草案。

※2：消防員權益促進會、警察工作權益促進會。

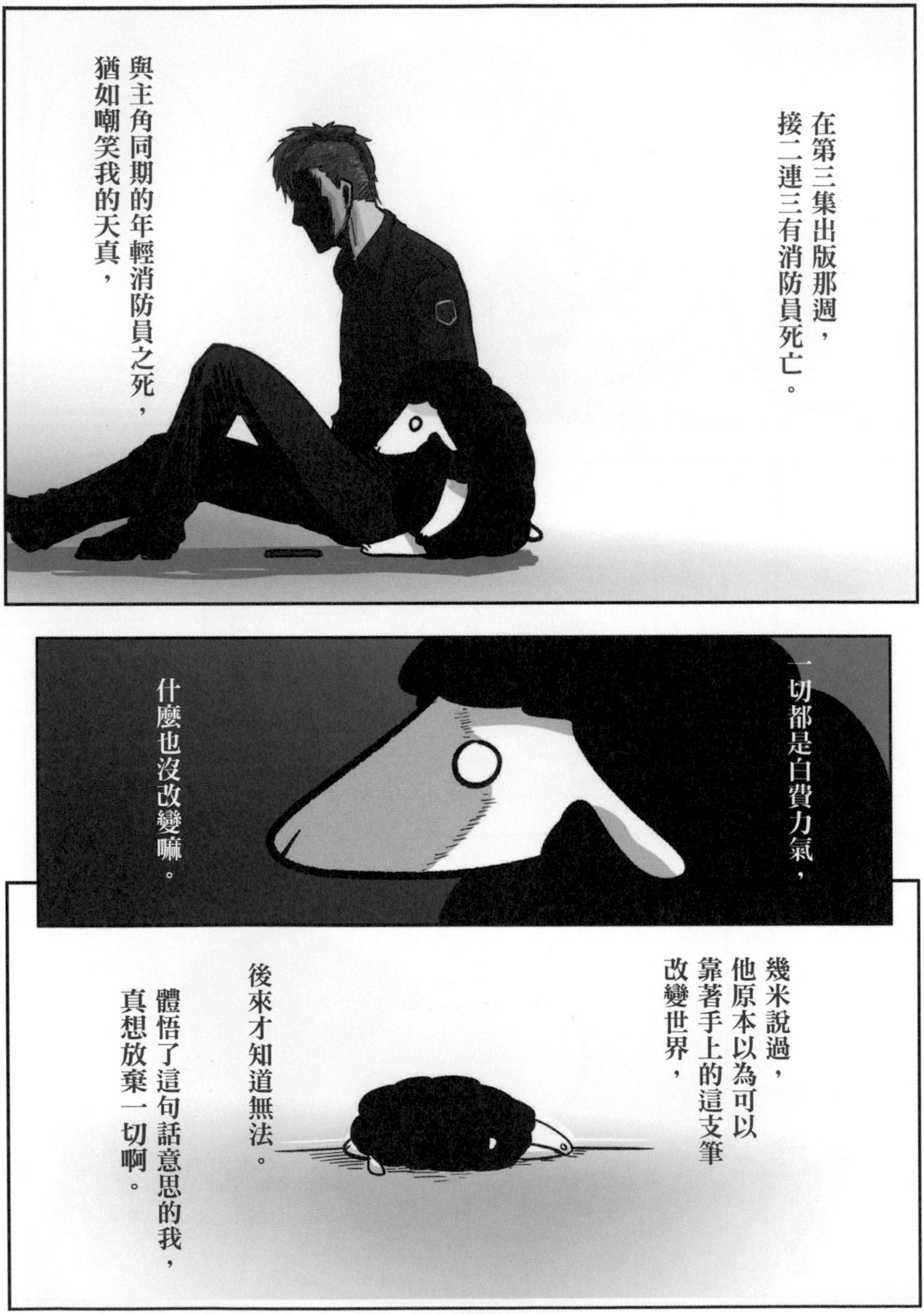
在第三集出版那週，
接二連三有消防員死亡。
與主角同期的年輕消防員之死，
猶如嘲笑我的天真，
一切都是白費力氣，
什麼也沒改變嘛。
幾米說過，
他原本以為可以
靠著手上的這支筆
改變世界，
後來才知道無法。
體悟了這句話意思的我，
真想放棄一切啊。

在消沉時，有位我畫過，後來調到東部的警察，
問我要不要去那走走。
想說是棒球之鄉嘛，就答應去了。
為什麼沒有火車票!?
你以為東部人交通困難說假的喔？
因為缺乏地理和交通常識而鬧出不少笑話。
坐在海邊看海時遇到了帶著小孩的消防員，
他知道我幫消防協會做了些什麼。
看現在的原住民嘗試找回處理獸皮的傳統方法。
拜訪黑孩子咖啡屋，與書屋陳爸聊天，
但很遺憾在這本書出版以前，他就先走了。

在放學後，照顧
一群沒人照顧的
孩子的體育老師。
試圖想要改變現況，
讓孩子快樂打球的
年輕棒球隊教練。
我遇到了很多人，
去了很多地方，
來到了棒球的故鄉：紅葉。
延平鄉

「請讓我說出你的故事吧。」
我開始旅行，
遇到一個又一個
等待著的人，
他們告訴我
他們的故事。

一次又一次地改寫劇本。
棒球漫畫很難喔，沒什麼人想畫，
所有人都會用超高標準來檢視你。
沒有打過球，連規則都不清楚的我，真的能做好這件事嗎？
然後我開始進場看球，
我看的第一場球，是陳金鋒的引退賽。
但我沒有任何關於這個選手的記憶，沒有體驗過那時代，假球案什麼的也是，我與傳統球迷沒有交集。
這樣的我，真的能畫臺灣的棒球漫畫嗎？

但是，
孩子們說：「我們隨時都準備好上場。」
只有我在猶豫是不行的啊，
他們把故事交給我了。
……
我想起來了，之前在臺南臺史博物館演講的時候……

你講這麼多，還不是沒改變，沒人下臺。
這些問題又不是漫畫家要解決的！
他只是個漫畫家。
退休金啊、制度和裝備，還有居住正義……
對喔，我只是個漫畫家，
我不能改變世界，不能改變制度，不能救人；
但我可以畫畫，我可以請畫說話。

我想讓更多人知道這些故事！
如果你想看的是球下降幅度十公分，塞進好球帶一點，修正揮棒軌跡，以及守備的魅力，
那棒球人生賽裡面沒有。
如果你想談政治、歷史、殖民文化和各種語言揉合成的魅力，
那這裡很多。

能讓臺灣人狂熱的，
就是政治與棒球，
沒有政治，
就沒有臺灣的「國球」[3]。
人生猶如一場球賽，充滿輸贏；
儘管有時你明白根本贏不了，還是得上場把比賽完成。

※3：詳情請閱《「國球」誕生前記：日治時期臺灣棒球史》謝仕淵著。

這就是我想講的棒球人生賽。
-END-

THANKS List

那些被我採訪過的人們，
願意帶我進去○○○和 XXX 取材的人們，
願意幫我推薦的職業球員，
默默付出的老師，
幫我復健手臂和肢體，讓我能健康趕稿的
教練，將臺詞翻譯成臺文的ㄏㄐ和盈佳！
我強大的助手們：趙子龍、金鼠和其他。
以及努力教我棒球規則、
帶我打球看球的友人們，
和給予漫畫家們創作補助的偉大文化部，
還有告訴我他們故事的那些靈魂們
以及未列在名單上的。

衷心感謝，今後也會持續努力，
創作出具有認同感的故事。

NISIN 2019
還有願意購買
此本書的你！

次回予告！
新的夥伴、新的敵人，
以及……第一場勝投！

Fun 067

棒球人生賽 1st

作　者—蠢羊（羊寧欣）
協　力—花栗鼠（韓璟）
主　編—陳信宏
責任編輯—王瓊苹
責任企劃—吳美瑤
美術協力—黃鳳君
臺文審定—薛翰駿、李盈佳
贊助單位—文化部

董事長—趙政岷
出版者—時報文化出版企業股份有限公司
一〇八〇三台北市和平西路三段二四〇號三樓
發行專線—（〇二）二三〇六—六八四二
讀者服務專線—〇八〇〇—二三一—七〇五
（〇二）二三〇四—七一〇三
讀者服務傳真—（〇二）二三〇四—六八五八
郵撥—一九三四四七二四時報文化出版公司
信箱—一〇八九九臺北華江橋郵局第九九信箱
時報悅讀網—http://www.readingtimes.com.tw
電子郵件信箱—newlife@readingtimes.com.tw
時報出版愛讀書粉絲團—http://www.facebook.com/readingtimes.2
法律顧問—理律法律事務所　陳長文律師、李念祖律師
印　刷—詠豐印刷有限公司
初版一刷—二〇一九年十二月六日
定價—新臺幣三二〇元
（缺頁或破損的書，請寄回更換）

時報文化出版公司成立於一九七五年，
並於一九九九年股票上櫃公開發行，於二〇〇八年脫離中時集團非屬旺中，
以「尊重智慧與創意的文化事業」為信念。

棒球人生賽 1st / 蠢羊著. -- 初版. -- 臺北市：
時報文化, 2019.12
面；　公分. --（Fun系列；67）
ISBN 978-957-13-8039-1（平裝）

1. 棒球 2. 漫畫

528.955　　　　08019498

ISBN 978-957-13-8039-1
Printed in Taiwan